Gerhard Bauer
Halt doch einfach mal an!

Gerhard Bauer

Halt doch einfach mal an!

Impulse
zum inneren Atemholen

VERLAG NEUE STADT
MÜNCHEN · ZÜRICH · WIEN

Aus der Reihe **4 x 7**

1. Auflage 2012
© Alle Rechte bei
   Verlag Neue Stadt GmbH, München
Umschlagabbildung: Cyrill Jung
Gestaltung und Satz: Neue-Stadt-Graphik
Druck: Memminger MedienCentrum, Memmingen
ISBN 978-3-87996-928-9

VORWORT

Das Empfinden, immer zu viel zu tun zu haben und nicht rund zu kommen, plagt heutzutage viele Menschen. Fast gehört es schon zu unserem Lebensgefühl. Dabei spüren die meisten: Die allgemeine Beschleunigung ist nicht gut. Und sie tut nicht gut.

Gerhard Bauer, erfahrener Exerzitienleiter, Seelsorger und Autor, gibt in diesem Büchlein in 28 Tagesrationen Impulse zum Atemholen für die Seele. Im bewährten Vier-Wochen-Schema lädt er ein,

– innezuhalten: „Halt an, wo läufst du hin?!" (1. Woche);

– eine moderne Form der Askese einzuüben: „Nein Sagen um eines größeren Ja willen" (2. Woche);

– aus den „Quellen" zu schöpfen, die uns Kraft für unseren Weg geben (3. Woche);

– „abschiedlich zu leben" (4. Woche), weil wir uns nicht zuletzt dadurch stressen (lassen), dass wir an so vielem festhalten, dass wir möglichst viel haben und behalten wollen. Doch nur wer innerlich frei ist, bewahrt sich den offenen Blick, das Staunen-Können, die Fähigkeit, sich je neu beschenken zu lassen.

Viel Freude und neue Entdeckungen beim Ausprobieren!

Verlag Neue Stadt

INHALT

III – Zu den Quellen gehen

IV – Abschiedlich leben

I – Halt an! Wo läufst du hin?

1. HALT AN, WO LÄUFST DU HIN, DER HIMMEL IST IN DIR

Wenn wir dem Glück hinterher-rennen, läuft es uns leicht davon. Bleiben wir stehen, zeigt es sich schon mal. „Halt an, wo läufst du hin? Der Himmel ist in dir, suchst du Gott anderswo, du fehlst ihn für und für." Dieses Wort von Angelus Silesius (1624–1677) hat Max Hunziker bildhaft dargestellt: Ein „Engel" gebietet einem nach vorn stürmenden Mann Einhalt, bestimmt und sanft zu-gleich. Er hält ihn an der Schulter zurück und bietet ihm mit der anderen Hand sei-ne Freundschaft an. Das Gewand des Stür-mers ist von Sternen übersät, der Mann scheint eingehüllt in seinen eigenen Him-mel. Steht der „Engel", dieser Freund, vielleicht für sein ureigenstes Ich, für die Sehnsucht nach Erfüllung, nach Glück, nach dem Himmel in ihm selbst?

Es ist gut, einmal anzuhalten, einen Mo-ment die Augen zu schließen, bei sich selbst zu verweilen und sich zu fragen: Wo laufe ich eigentlich hin? Was will ich (noch) schaffen? Was treibt mich an?

Ich jedenfalls brauche es, immer wieder innezuhalten und mir meiner selbst bewusst zu werden, in meinen tiefsten Seelengrund zu schauen, meinem „inneren Kind" zu begegnen, zu lauschen auf die innere Stimme, zu verweilen in jenem innersten Heiligtum, wo ich unverletzlich bin und immer Frieden finden kann, in jener Herzmitte, wo Gott zu mir spricht, wenn ich nur hinhöre, wenn ich mich auf die Begegnung mit ihm einlasse.

Nach solchen Zeiten des Innehaltens begleitet mich ein tiefer Friede, der alle Hektik abfallen lässt und mir einen neuen, klaren Blick gibt für das, was jetzt gerade dran ist. Es ist wie ein Stück Himmel auf Erden.

2. DIE ENTDECKUNG DER LANGSAMKEIT

Von Sten Nadolny stammt ein Roman, dessen Titel aufhorchen lässt: „Die Entdeckung der Langsamkeit". Offenbar brauchen wir in dieser schnelllebigen und hektischen Zeit die „Medizin der Langsamkeit". Im Umgang mit Kindern oder älteren Menschen kann man sie entdecken. Man kann auch selbst mit ihr konfrontiert sein durch Krankheit, Behinderung oder einfach nur durch das fortschreitende Lebensalter. Der Blutdruck, die Nerven, der Körper rufen immer wieder nach Entschleunigung, nach Pausen, Auszeiten, Urlaub. Irgendwann spürt man – oftmals bereits ab der Lebensmitte –, dass es nicht mehr so schnell geht wie früher.

Ja, wer sagt denn, dass es so schnell gehen muss?

Von dem berühmten Pianisten Artur Rubinstein wird erzählt, dass er auf die Frage, worin das Geheimnis liege, dass er mit 80 Jahren noch so bravourös spiele, geantwortet habe: Die Kunst bestehe in der Auswahl, der Optimierung und im Ausgleich, in der Kompensation.

Auf unseren Lebens- und Arbeitsrhythmus übertragen, heißt das: Wenn ich mit dem Tempo nicht mehr mitkomme, muss ich auswählen; weniger kann durchaus mehr sein! Sodann: Auf die Qualität kommt es an, nicht so sehr auf die Quantität. Anders gesagt: Ich versuche nicht, alles zu schaffen, wohl aber tue ich das Wenige so gut wie möglich. Und schließlich gilt es, im Leben einen Ausgleich zu schaffen: Wenn ich auf etwas verzichten muss, gönne ich mir dafür anderes.

So komme ich zwar nicht schneller, aber umso sicherer ans Ziel – und ich habe auch noch die Zeit, mich über Erreichtes zu freuen!

3. KOMMT HER UND RUHT EIN WENIG AUS

Überforderung und Stress sind der Bibel nicht fremd: Man denke an Mose, der von Gott den Auftrag erhält, zum Pharao zu gehen, um sein Volk aus Ägypten herauszuführen (vgl. Exodus 3,7–12). Man denke an Elija, der vor den Verfolgern um sein Leben rannte, hinaus in die Wüste, unter einem Ginsterstrauch zusammenbrach und sich den Tod wünschte: „Nun ist es genug, Herr. Nimm mein Leben; denn ich bin nicht besser als meine Väter" (1 Könige 19,4). Feuer und Flamme im Kampf für den wahren Gott Israels, hatte der Eifer ihn verzehrt; nun liegt er ausgebrannt am Boden. Oft haben Menschen, die ausgebrannt sind, einmal für eine große Sache gebrannt …

Auch der Alltag der Jünger an der Seite Jesu auf seinen Wanderungen durch Galiläa war alles andere als beschaulich. Immer wieder mussten sie sich vor dem Andrang der Volksmassen zurückziehen. „Da sagte er zu ihnen: Kommt mit an einen einsamen Ort, wo wir allein sind, und ruht ein wenig aus. Denn sie fanden nicht einmal Zeit zum Essen, so zahlreich waren die Leute, die kamen und gingen. Sie fuhren also mit dem Boot in eine einsame Gegend, um allein zu sein" (Markus 6,31f). Auch wenn die Ruhe nicht lange währen sollte … Jedenfalls wusste Jesus, dass seine Jünger solche „Auszeiten" nötig hatten, waren sie auch noch so kurz.

Der Jesuit Willi Lambert hat nach dem Modell der „Exerzitien im Alltag" Einübungen in eine christliche Lebenskultur entwickelt, um im Blick auf Jesus die „Kunst der Unterbrechung" zu erlernen, aufmerksam zu werden auf den Rhythmus des eigenen Lebens, Pausen zu entdecken und zu gestalten und unseren „Antreibern" auf die Spur zu kommen – damit „der Herr Zeiten des Aufatmens kommen lässt" (vgl. Apostelgeschichte 3,20). Der Herr will uns gewiss nicht ausgebrannt. Er wünscht sich, dass das Feuer brennt. Wie die Flamme den Sauerstoff, so brauchen wir Luft zum Atmen.

4. DER SABBAT IST FÜR DEN MENSCHEN DA: UNTERBRECHUNG

Für den Theologen Johann Baptist Metz ist Religion ganz wesentlich Kultur der Unterbrechung. Auf das große Sechstagewerk der Schöpfung folgt am siebten Tag der Sabbat, der Tag der Unterbrechung: „So wurden Himmel und Erde vollendet und ihr ganzes Gefüge. Am siebten Tag vollendete Gott das Werk, das er geschaffen hatte, und er ruhte am siebten Tag, nachdem er sein ganzes Werk vollbracht hatte, und Gott segnete den siebten Tag und erklärte ihn für heilig; denn an ihm ruhte Gott, nachdem er das ganze Werk der Schöpfung vollendet hatte" (Genesis 2,1-3).

Wenn der Schöpfergott in dieser bildlichen Erzählung der Bibel vom Schöpfungswerk „ausruht", hat er damit dem Menschen eine notwendige Unterbrechung verordnet. Diese Unterbrechung ist heilig und heilsam zugleich. In der Heiligung des Sabbats, für uns Christen des Sonntags, erkenne ich dankbar meine Geschöpflichkeit an; ich werde mir bewusst, dass die ganze Schöpfung und mein Leben ein Gottesgeschenk sind. Zum andern füge ich mich ein in einen heilsamen Rhythmus, der mich Mensch sein lässt. Es gibt Naturrhythmen, die man – auf längere Zeit gesehen – nicht ungestraft überspringen darf, weil sie uns auf den Leib zugeschnitten sind. Das gilt vom Tages- und Nachtrhythmus, vom Rhythmus der Woche, des Monats und des Jahres … Hier bewahrheitet sich elementar das so wohl-tuende Wort aus der Exodusgeschichte „Ich bin der Herr, dein Arzt" (Exodus 15,26).

Der Sabbat ist nicht so sehr Gesetz, sondern Geschenk: „Der Sabbat ist für den

Menschen da", sagt Jesus. Ihm ging es darum, dass wir Menschen die ursprüngliche Wohltat des Schöpfers anerkennen. Bilder aus der Barockzeit zeigen Jesus als den Apotheker, der es gut mit uns meint, so wie es die Leute zur Zeit Jesu gespürt haben: „Er hat alles gut gemacht." Genauso, wie es am Anfang war: „Gott sah alles an, was er gemacht hatte: Es war sehr gut" (Genesis 1,31).

5. BLICK ZURÜCK IN DANKBARKEIT

Wenn Kindern etwas geschenkt wird, hält man sie an, Danke zu sagen. Dankbarkeit ist die natürliche Antwort des Menschen an seinen Schöpfer, dafür, dass er ihm das Leben geschenkt hat. Je mehr wir uns und unser Leben als Geschenk empfinden, können wir auch anderen zum Geschenk werden.

Gewiss gibt es schmerzliche Schicksalsschläge, Momente, in denen zunächst Rebellion und Verzweiflung Platz greifen. Die Psalmen sind dafür ein beredtes Zeugnis. Und doch stoßen viele dieser Lieder nach Aufschrei, Klage, ja manchmal Fluch zu befreiendem Dank durch, weil in allem noch ein letzter Sinn funkeln kann.

Mir wurde von einer Frau berichtet, die voller Probleme zu einem Seelsorger kam und um ein Gespräch bat. Sie musste einige Minuten warten, als plötzlich ihre Augen auf einen Spruch an der gegenüberliegenden Wand fielen: „Versuch es doch mit Danken!" Sie las es – und brauchte kein Gespräch mehr …

Oft fehlen uns die Augen für die tagtäglichen Anlässe, dankbar zu sein. Halten wir am Abend einmal bewusst Rückschau und fragen wir uns, wofür wir heute danken möchten. Eine solche Abendhygiene ist fast schon Gebet. Sie verändert auf Dauer unsere Grundeinstellung zum Leben und gibt ihm wieder Farbe.

Ist es nicht bezeichnend, dass im ersten Schöpfungsbericht der Bibel steht: Als Gott sein Werk vollendet hatte, schaute er alles noch einmal an – wir können wohl ergänzen, voll Freude und Dankbarkeit, denn es heißt: „Gott sah alles an, was er gemacht hatte: Es war sehr gut" (Genesis 1,31).

„Für alles, was war: Danke! Für alles, was kommt: Ja!" (Dag Hammarskjöld).

6. LOSLASSEN,
UM BEI SICH ANZUKOMMEN

Unterbrechung heißt nicht nur, aus dem Hamsterrad meines Alltags auszusteigen, sondern auch aus dem ständigen Kreisen meines Denkens: all die ungelösten Probleme, die ich mit mir schleppe; Sorgen, die ich mir mache um meine Gesundheit, meinen Arbeitsplatz, meine Mitmenschen; meine Planungen für die nächste Zeit; mein Leiden an der Vergangenheit und meine Ängste um die Zukunft – letztlich das Kreisen um mich selbst, um mein Ego.

Wenn dieses Aussteigen nur so leicht ginge! Lassen wir uns Zeit dabei. Wenn wir langsam lernen, in Dankbarkeit zurückzuschauen, werden wir auch vertrauensvoller die Zukunft erwarten können.

Dieses Loslassen der vielen Gedanken hat übrigens nichts mit „Wurstigkeit" oder mit einem Sich-aus-der-Verantwortung-Stehlen zu tun. Es kann ja nicht darum gehen, die Augen vor der Wirklichkeit, der wir uns zu stellen haben, zu verschließen. Ich denke, hier braucht es ein kräftiges

Stück Gottvertrauen. Jesus hat das seinen Jüngern zugemutet, und dazu lädt er auch uns ein: „Sorgt euch nicht um euer Leben und darum, dass ihr etwas zu essen habt, noch um euren Leib und darum, dass ihr etwas anzuziehen habt. Ist nicht das Leben wichtiger als die Nahrung und der Leib wichtiger als die Kleidung? Seht euch die Vögel des Himmels an … Wer von euch kann mit all seiner Sorge sein Leben auch nur um eine kleine Zeitspanne verlängern? … Euer himmlischer Vater weiß, dass ihr das alles braucht. Euch aber muss es zuerst um sein Reich und um seine Gerechtigkeit gehen; dann wird euch alles andere dazugegeben. Sorgt euch also nicht um morgen; denn der morgige Tag wird für sich selber sorgen. Jeder Tag hat genug eigene Plage" (Matthäus 6,25–34).

Der Gott meines Anfangs begleitet mich durch mein ganzes Leben, ob ich es wahrnehme oder nicht; er trägt mich auch hier und heute. Ich kann nicht tiefer fallen als in seine Hände. Am Ende meines irdischen Lebens erwartet er mich, um mir das Leben in Fülle zu schenken. Je mehr ich mein Ego loslasse, desto mehr kann ich bei Gott und damit auch bei mir sein.

In schweren Stunden in der Todeszelle schreibt Alfred Delp: „Der Mensch muss sich selbst hinter sich gelassen haben, wenn er eine Ahnung von sich selbst bekommen will … Man muss die Segel in einen unendlichen Wind stellen, dann erst werden wir spüren, zu welcher Fahrt wir fähig sind … Mensch, lass dich los zu deinem Gott hin und du wirst dich selbst wieder haben" (*Im Angesicht des Todes, Epiphanie 1945*).

7. SICH BESCHENKEN LASSEN

Der siebte Tag, der Sabbat, ist nicht nur Unterbrechung und Zur-Ruhe-kommen. Im dankbaren Blick zurück kann ich auch loslassen, was mich hier und jetzt bedrängt. So werde ich frei, um mich neu beschenken zu lassen. Dem Ausatmen folgt ein tiefes Einatmen, das neue Lebenskraft schenkt und Ideen, Kreativität freisetzt. Unterbrechung lädt ein zu einer Brachzeit, in der der Boden bereitet wird, Neues aufzunehmen. Ich darf auf Überraschungen gefasst sein, muss sie nur zulassen.

Im Trostbuch des Propheten Jesaja an die Gemeinde im babylonischen Exil heißt es: „Denkt nicht mehr an das, was früher war; auf das, was vergangen ist, sollt ihr nicht achten. Seht her, nun mache ich etwas Neues. Schon kommt es zum Vorschein, merkt ihr es nicht?" (Jesaja 43,18f).

Wie oft habe ich es selbst erlebt: Wenn es mir gelang loszulassen, innerlich frei zu werden, hat sich mir Neues geschenkt. Das ist wohl ein Werk des Gottes, der verwundet und heilt, des Schöpfergeistes, der niederreißt und aufbaut.

Ein Vorgeschmack könnte der „Sabbat" sein, dieser siebte Tag, „dessen Ende nicht ein Abend sein wird, sondern der ewige achte Tag, der Tag des Herrn, der durch Christi Auferstehung geheiligt ist und das Ruhen nicht nur des Geistes, sondern auch des Leibes vorbildet. Da werden wir feiern und schauen, schauen und lieben, lieben und preisen. Ja wahrhaftig, so wird es sein ohne Ende am Endziel", schreibt Augustinus am Ende seines Werkes über den Gottesstaat.

II – Nein sagen
um eines größeren Ja willen

1. SPIRITUALITÄT DES NEIN-SAGENS

In Christus „ist das Ja verwirklicht", schreibt Paulus an seine Gemeinde in Korinth (2 Korinther 1,19). In Christus hat Gott zu uns Menschen endgültig Ja gesagt. Aber war Jesu Ja nicht erkauft durch ein ganz entschiedenes Nein? Etwa bei der Versuchung durch den Widersacher, den großen Neinsager, in der Wüste? Jesus hat nein gesagt zu einem messianischen Weg, der durch spektakuläre Aktionen und allzu weltliche politische Machenschaften sein Reich in dieser Welt etablieren will. „Mein Reich ist nicht von dieser Welt", antwortete er Pilatus, als ihm der Prozess gemacht wurde (vgl. Johannes 18,36).

Jesu Nein zu den falschen Messiaserwartungen hat schließlich das Nein der Massen, aber auch vieler seiner Anhänger herausgefordert. Jesus wollte dem Auftrag seines Vaters treu bleiben und war bereit, den Weg des Leidens zu gehen, „um so in seine Herrlichkeit einzugehen". Seinem Zukunftsträger Petrus schleuderte Jesus ein entschiedenes Nein entgegen, als der ihn von diesem Weg abbringen wollte: „Weg mit dir, Satan!"

Ein solches geradezu „heiliges" Nein hat nichts mit saurer Miene und falsch verstandener Askese zu tun, im Gegenteil: Es lässt uns unseren Lebensweg gerade und aufrecht gehen. Jede Entscheidung schließt zwangsläufig viele andere aus, jede Berufung ist unvergleichlich, jeder Weg ist einmalig: ein Ja, das unzählige Nein zur Konsequenz hat. Ein klares Nein ist wie der Schlüssel zu unserer Identität und macht unser Ja kraftvoll und überzeugend.

Insofern gibt es so etwas wie eine Spiritualität des Nein-Sagens um eines größeren Ja willen (ein Begriff aus einem Schreiben der deutschen Bischöfe vom September 1992 zu Fragen der Seelsorge angesichts des Priestermangels). Nein ist das Wort, das uns für Größeres befreit. Ohne das Nein gibt es auch kein echtes Ja. Also: Mut zum Nein und damit Ja zu mir selber, zu meinem Leben, zu meiner Berufung und damit auch zu meiner Sendung für die Menschen.

2. NEIN SAGEN HEISST ZUGLEICH JA SAGEN: PRIORITÄTEN SETZEN

„Sammelt euch nicht Schätze hier auf der Erde, wo Motte und Wurm sie zerstören und Diebe einbrechen und sie stehlen, sondern sammelt euch Schätze im Himmel, wo weder Motte noch Wurm sie zerstören und keine Diebe einbrechen und sie stehlen. Denn wo dein Schatz ist, da ist auch dein Herz" (Matthäus 6,22f).

Mit diesem Wort verweist uns Jesus auf die absolute Priorität des Reiches Gottes. Wir brauchen ein großes Ziel im Leben, das allem anderen Sinn gibt und dem gegenüber alles andere zweitrangig wird. Mit der Bibel gesagt: Es braucht einen Schatz, der mir alles wert ist und für den ich alles andere verkaufe. Leonardo da Vinci hat einmal gesagt: „Binde deinen Karren an einen Stern!" Es gibt Stunden in unserem Leben, da dieser Stern hell aufstrahlt; Sternstunden nennt man sie. Und es gibt den grauen Alltag, in dem schlicht und einfach harte Arbeit zu verrichten ist und der Stern aus dem Blick zu geraten droht. Wie gut, wenn dann mein Karren immer noch an den „Stern" gebunden ist!

Vom Ziel, vom Sinn meines Lebens hängt die Wertigkeit und Rangfolge meiner Tätigkeiten ab. Ich muss in meinem Leben Prioritäten setzen.

Am Ende eines Meditationskurses gibt der durch seine kontemplativen Exerzitien bekannt gewordene Jesuit Franz Jalics seinen Schülern fünf Prioritäten mit auf den Weg, damit nicht nur ihre Meditation, sondern ihr Leben gelingen kann. Da geht es zuerst um ganz elementare leibliche Bedürfnisse wie den Schlaf und in diesem Zusammenhang um die Abend- und Morgenkultur. Zweitens gilt es, mit dem eigenen Körper liebevoll umzugehen, das heißt, ihm genügend Bewegung und frische Luft zu gönnen und eine vernünftige Esskultur zu pflegen. An diesen ersten beiden Elementen fehlt es oft bei Menschen mit Burn-out-Syndrom. Erst wenn der Leib in einer gesunden Balance ist, kommt als dritte Priorität das Gebet in den Blick, also das „geistliche" Leben, und schließlich viertens das Beziehungsfeld: die Familie, die Gemeinschaft, in der und für die man steht, und die Freunde. Denn beides, die Beziehung zu Gott und die Beziehung zu den Mitmenschen, wird beim Hineinschlittern in den Burn-out genauso lieblos behandelt wie der Körper. Erst wenn es um diese vier Prioritäten gut bestellt ist (und es lohnt sich immer wieder, sich darüber Rechenschaft zu geben), ist die Arbeit nicht nur sinnvoll, sondern macht auch Freude. Dann kann auch der Stress zum „Eustress", das heißt positiven Stress, zu gesundem Lebenselan werden.

3. TU DEINEM LEIB ETWAS GUTES, DAMIT DIE SEELE LUST HAT, DARIN ZU WOHNEN

„Tu deinem Leib etwas Gutes, damit die Seele Lust hat, darin zu wohnen." Dieses Wort wird der großen spanischen Mystikerin Teresa von Avila zugeschrieben. Zu tiefem Sich-Versenken in die innere Seelenburg berufen und mit mystischen Höhenflügen beschenkt, steht sie doch mit beiden Füßen fest auf der Erde. Sie weiß um das uralte scholastische Prinzip, wonach die Gnade die Natur voraussetzt. Und bereits in der Antike war man davon überzeugt, dass ein gesunder Geist eher in einem gesunden Körper zu Hause ist.

Die Geschichte der Kirche wird häufig mit Leibfeindlichkeit in Verbindung gebracht. Bisweilen wurde „Bruder Esel", wie der Leib gern genannt wurde, tatsächlich arg vernachlässigt, ja geknechtet. Selbstgeißelungen und Bußgürtel sind ein beredtes Zeugnis dafür. Doch statt „mittelalterliche" Bußübungen anzuprangern, sollten wir nüchtern in unsere heutige Arbeitswelt schauen. Der Arbeitsrhythmus ist oft unmenschlich. Arbeit kann zur Droge werden; viele sind „Workaholics". Oft merken es die Betreffenden erst, wenn es (fast) zu spät ist, bei einem Herzinfarkt, Gehirnschlag, Burn-out. Man vernachlässigt den Bruder Esel nicht ungestraft.

Bei Paulus, der sich wahrlich nicht geschont hat, lesen wir, dass der Leib etwas Heiliges ist: „Wisst ihr nicht, dass euer Leib ein Tempel des Heiligen Geistes ist, der in euch wohnt und den ihr von Gott habt? Ihr gehört nicht euch selbst; denn um einen teuren Preis seid ihr erkauft worden. Verherrlicht also Gott in eurem Leib!" (1 Korinther 6,19).

Wir beten auch mit dem Leib. Gebetsgebärden – wie verschränkte, gefaltete oder geöffnete Hände, ausgespannte Arme, das bewusste Stehen vor Gott, das gesammelte erdverbundene Sitzen zur Meditation, das Lauschen und Einschwingen in den eigenen Atem – sind eigentlich schon Gebet, Verherrlichung Gottes mit unserem Leib, ganz zu schweigen vom stillen Gebet des Kranken, Verletzten, Behinderten oder Sterbenden. Und dann gibt es den religiösen Tanz. Augustinus wird das Wort zugeschrieben: „Mensch, lerne tanzen, damit die Engel im Himmel einmal mit dir etwas anfangen können." Vergessen wir nie, dass Leib und Seele eng verbunden sind!

4. DER KÖRPER SAGT DIR, WENN DIE SEELE WEINT

Wir haben nicht nur einen Leib, wir *sind* Leib. Manches Mal kann man einem Menschen äußerlich ansehen, wie es um seine Seele steht oder worunter er leidet. Auch unsere Sprache ist verräterisch: „Mir geht etwas nicht mehr aus dem Kopf", „Es geht mir zu Herzen", „Das schlägt mir auf den Magen", „Es zieht mich zu Boden" usw. Auch die Bibel ist voll von solchen Bildern, etwa bei den Propheten oder in den Psalmen.

Biblische, christliche Spiritualität ist durch und durch „leibhaftig". Frère Roger aus Taizé gab einmal folgenden Rat: „Suchen Sie keine Antwort, die Ihr Menschsein überspringt. Ich meinerseits wüsste nicht, wie ich beten sollte ohne Einbeziehung des Leibes. Ich bin kein Engel und beklage mich darüber auch nicht. Es gibt Phasen, in denen ich den Eindruck habe, mehr mit dem Leib als mit dem Geist zu beten ..."

Der Neurologe und Psychiater Ulrich Niemann SJ stellt fest: „Wer sich regelmäßig körperlich fordert, fördert auch sein seelisch-spirituelles Leben. Auch ältere Menschen sollten gelegentlich bis an die Grenzen ihrer körperlichen Leistungsfähigkeit gehen. Körperliche Schlaffheit und mangelnde somatische Kondition bringen oft Unzufriedenheit und Lustlosigkeit am Leben und auch unvorhergesehene Aggressivität mit sich" *(in: Priester heute, hg. von K. Hillenbrand, Innsbruck 1990).*

Meistens sagt mir mein Körper, wie es um mich steht. Er zeigt mir, ob ich hochgestimmt oder freudlos bin, er schenkt mir

Freude beim Wandern und Walken und lädt mich sehr deutlich zum Ruhen und Schlafen ein. Er ist für mich manchmal wie der Lautsprecher einer inneren Stimme, die ich schon mal überhöre, wie ein Engel, der es gut mit mir meint, Geschenk meines Schöpfers.

5. OHNE FREUNDE
IST DAS LEBEN FREUDLOS

Neben der Liebe", so Anselm Grün, "bedarf jeder Mensch der Freundschaft, wenn er nicht Schaden an seiner Seele nehmen will." Manchmal stelle ich mir die Frage, wem ich wohl fehlen würde, wer trauern oder weinen würde, wenn ich nicht mehr da bin. Es ist gut, um Menschen zu wissen, denen ich kostbar bin und die mir etwas bedeuten. Jede Freundschaft ist zunächst ein Geschenk, aber dieses Geschenk will auch gepflegt und gehegt werden. Augustinus' großes Lied der Freundschaft bringt zum Ausdruck, dass ihm ohne die Freundschaft eines Menschen nichts freundlich auf dieser Welt sein kann. Als sein bester Freund starb, hatte er lange das Empfinden, nur noch halb zu leben: Mit dem Freund war ihm eine Hälfte seiner Seele genommen worden.

Manche Menschen, gerade Alleinstehende, fallen beim Eintritt in den Ruhestand in ein tiefes Loch, zumal wenn sie ein Leben lang immer nur für andere gelebt haben – als Lehrer, Seelsorger oder in sozialen Berufen. Freunde erkennen rechtzeitig, wenn es einem schlecht geht, wenn man vor lauter Arbeit den Kopf nicht mehr hoch bekommt, wenn man Kontakte meidet und Freundschaften vernachlässigt.

Für Jünger/innen Christi ist es gut zu wissen, dass Jesus uns seine Freundschaft angeboten hat: „Ich nenne euch nicht mehr Knechte …, vielmehr habe ich euch Freunde genannt; denn ich habe euch alles mitgeteilt, was ich von meinem Vater gehört habe" (Johannes 15,15). Es ist ein Geschenk ohne Vorleistung: „Nicht ihr habt mich erwählt, sondern ich habe euch erwählt …" An uns liegt es, in dieser Freundschaft auch zu leben, in seiner Liebe zu bleiben.

Für Augustinus leuchtet im Antlitz des Freundes das Antlitz Gottes auf: „Gottes sichtbare Liebe bekommt ein menschliches

Gesicht, seine unaussprechliche Zärtlichkeit wird im menschlichen Ausdruck greifbar." Ich kenne Situationen, in denen nur noch diese absolut verlässliche Freundschaft trägt: „Wenn wir untreu sind, bleibt er doch treu, denn er kann sich selbst nicht verleugnen" (2 Timotheus 2,13).

6. WO BIN ICH DAHEIM?

Glaubende Menschen sind Menschen auf dem Weg. So sehen wir es in der Bibel an der Urgestalt des Glaubens, Abraham: „Zieh weg aus deinem Land, von deiner Verwandtschaft und aus deinem Vaterhaus, in das Land, das ich dir zeigen werde" (Genesis 12,1). Das auserwählte Volk zieht 40 Jahre durch die Wüste, um ins Gelobte Land zu gelangen. Jesus sagt von sich: „Der Menschensohn hat keinen Ort, wo er sein Haupt hinlegen kann" (Lukas 9,58). Ort-los stirbt er zwischen Himmel und Erde. Die urchristliche Gemeinde wird aus der Heimat in die Diaspora geschickt; „die vom (neuen) Weg" werden die ersten Christen genannt (vgl. Apostelgeschichte 9,2). Paulus erinnert uns daran, dass unsere Heimat im Himmel ist und wir als Pilger unterwegs sind.

Und doch braucht der Mensch ein Zuhause, einen Ort, an dem er Wurzeln schlagen darf, geborgen ist und wohin er sich immer wieder zurückziehen kann.

Wo war Jesus daheim, frage ich mich manchmal. Ganz sicher bei seinem Vater im Himmel, wenn er nachts im Gebet mit ihm verbunden war. Schon als Zwölfjähriger kündigt er es an: „Wusstet ihr nicht, dass ich in dem sein muss, was meinem Vater gehört?" (Lukas 2,49). Daheim war Jesus sicher auch im engen Kreis seiner Jünger. Daheim war Jesus auch bei Freunden, wie in Bethanien im Haus von Lazarus und seinen Schwestern Marta und Maria. Zu Hause wollte Jesus auch „bei den verlorenen Schafen des Hauses Israel" sein , zu denen er gesandt war: bei Ausgegrenzten und Armen, denen er die Frohe Botschaft verkündigen sollte.

Gerade in unserer Zeit der Mobilität und Kommunikation ist es besonders notwendig, sich zumindest eine innere Heimat zu bewahren. Wir müssen Sorge tragen für ein tragfähiges Netz echter, nicht „dienstlicher" Beziehungen. Denn wer sich weit hinauslehnt, muss zugleich tief verankert sein. Unbehauste Menschen werden anderen leicht zur Last.

7. EINES NUR IST NOTWENDIG

Von Jesus wird erzählt, wie er einmal im Haus seines Freundes Lazarus und dessen Schwestern Marta und Maria einkehrte. Während sich Maria ganz dem Gast zuwandte und ihm zuhörte, war Marta in der Küche beschäftigt. Als Marta sich beklagte, sagte Jesus zu ihr: „Marta, Marta, du machst dir viele Sorgen und Mühen. Aber nur eines ist notwendig. Maria hat das Bessere gewählt, das soll ihr nicht genommen werden" (Lukas 10,41f).

Eines nur ist notwendig: das, was jeweils dran ist. In diesem Fall hieß das: die kostbare Zeit mit dem Meister nützen und ganz bei ihm sein. Zu einem anderen Zeitpunkt kann es bedeuten, ein schönes Essen für den Gast zu bereiten. Es geht Jesus nicht darum, das eine gegen das andere auszuspielen, er will uns nur auf das jeweils einzig Notwendige ausrichten, eben das, was gerade dran ist. Oft wird mir von

Gott das Licht nur für den je nächsten Schritt zuteil. Vieles im Leben gelingt, wenn ich mich immer auf diesen einen nächsten Schritt einstelle.

Ein Freund, der nicht ganz schwindelfrei war, war mit einem Bergkameraden hinauf zur Hörnlihütte am Matterhorn gestiegen. Als es an den Rückweg ging und er in die Tiefe schaute, packte ihn Panik. Sein Bergkamerad riet ihm, immer nur auf den Quadratmeter vor sich zu schauen und einen Schritt nach dem anderen zu machen, ohne nach links und rechts oder in die Tiefe zu blicken. Der Freund hat es geschafft.

In der Bergpredigt gibt Jesus den schon zitierten Rat: „Sorgt euch nicht um morgen, denn der morgige Tag wird für sich selbst sorgen" (Matthäus 6,34). Gott überfordert nicht. Er will das, was im jeweiligen Augenblick möglich ist. Schrittweise darf ich meinen Weg mit ihm gehen, für das Unmögliche ist er zuständig. So werde ich im Blick auf das je einzig Notwendige, auf das, was jetzt dran und möglich ist, innerlich frei von Stress.

Es kommt auf den Versuch an, immer nur bei einer Sache ganz dabei zu sein.

III – Zu den Quellen gehen

1. FREUDE SUCHEN UND SCHENKEN

„Zieh aus, mein Herz, und suche Freud." – Wir Menschen hungern nach Freude. Die Seele, so Augustinus, nährt sich von dem, woran sie sich freut. Nichts ist schlimmer als ein lustloser Tag, als ein Zusammensein, bei dem keine Freude aufkommt, als Arbeit und Spiel, die keine Freude machen. Nichts schlimmer, als wenn in uns selbst und in unserem Leben keine Freude mehr aufkommt. Freude ist ein Lebenselixier, ein Faktor nicht nur für seelische, sondern auch für körperliche Gesundheit.

Nietzsche hat allzu recht mit seiner Bemerkung, dass sie fröhlicher sein müssten, diese Christen. Das ganze Neue Testament durchzieht ein roter Faden der Freude, denken wir an die Weihnachtsgeschichte („Ich verkünde euch eine große Freude"), an das erste Auftreten Jesu („gesandt, den Armen die Frohe Botschaft zu verkünden"), an die Seligpreisungen der Bergpredigt … Jesus spricht von der Freude im Himmel über das verlorene Schaf, von den fröhlichen Gästen beim himmlischen Hochzeitsmahl, und in den Abschiedsreden bittet er seine Jünger, sich doch mit ihm zu freuen, weil er zum Vater geht. Die Freude durchzieht die Erzählungen der Apostelgeschichte über die Urgemeinde ebenso wie die Paulusbriefe, etwa das Schreiben an die Gemeinde von Philippi aus der Gefangenschaft; wir kennen es aus der Liturgie des dritten Adventssonntags, der „Gaudete" (Freut euch!) heißt: „Freut euch im Herrn zu jeder Zeit! Noch einmal sage ich: Freut euch!" (Philipper 4,4).

Natürlich gibt es so manches im Leben, das wahrlich nicht zum Lachen ist. Freude ist immer auch Geschenk, sie ist ebenso wie der Friede eine Frucht des Heiligen Geistes. Sie entspringt aus einem Herzen, das Dankbarkeit gelernt hat. „Die Freude steckt nicht in den Dingen, sondern im Innersten unserer Seele", wusste Therese von Lisieux.

Es gibt einen sicheren Weg zur Freude. In Anlehnung an ein altes Sprichwort gesagt: „Wer anderen eine Freude macht, fällt selbst hinein."

2. SCHALE, NICHT KANAL

„Wenn du vernünftig bist, erweise dich als Schale und nicht als Kanal, der fast gleichzeitig empfängt und weitergibt, während jene wartet, bis sie erfüllt ist. Auf diese Weise gibt sie das, was bei ihr überfließt ..." Diese Worte des Bernhard von Clairvaux aus dem 12. Jahrhundert treffen hinein in eine Not, die wir selbst oft erleben. Von früh bis spät, tagaus tagein sind wir gefordert: arbeiten, geben, etwas leisten müssen. Die Gefahr, dabei innerlich leer zu werden, ist groß. „Lerne auch du, nur aus der Fülle auszugießen", fährt Bernhard fort. Woher kommt mir die Fülle, wo fließt die Quelle, aus der ich schöpfen kann, um weiterzugeben? Ich kann diese Quelle in mir finden, tief in meinem Innersten, wo Gott mich anrührt. Mitmenschen können mir zur Quelle der Freude und Energie werden, die Natur, mein Körper, das Durchatmen in Gebet und Meditation, das Loslassen- und Warten-Können.

Ich darf Schale sein, mich erfüllen lassen, um *dann* überzufließen und zu geben. Noch einmal Bernhard von Clairvaux:

„Lerne auch du, nur aus der Fülle auszugießen, und habe nicht den Wunsch, freigiebiger als Gott zu sein … Wenn du nämlich mit dir selbst schlecht umgehst, wem bist du dann gut?" *(Ansprachen zum Hohen Lied, Nr. 18).*

3. LIEBE MUSS ZUR QUELLE ZURÜCK

Auf dem Steinbrunnen im Hof des Zisterzienserinnenklosters Oberschönenfeld bei Augsburg stehen Worte Bernhards von Clairvaux, die mit dem Wasser zu tun haben. Etwa: „Liebe ist etwas Großes, sie muss zu ihrem Ausgang zurück, muss heimfließen zu ihrem Quell, um immer wieder aus ihm zu schöpfen und ausströmen zu können." – Menschen, die ausgetrocknet sind, weil von ihnen zu viel „übergeflossen" ist, müssen ihre Quellen erneut freilegen, damit auch für sie wieder gilt: „Ziehen sie durch das trostlose Tal, wird es für sie zum Quellgrund" (Psalm 84,7); „Hervorbrechen ließest du Quellen und Bäche" (Psalm 74,15).

Ein Mensch, der sich zu sehr verausgabt hat – und Liebe ist eine Kraft, eine Energie,

die Leben kostet, etwas von *meinem* Leben –, muss zu jenem Ursprung zurück,
dorthin, wo er selbst Liebe empfangen hat.
Gott ist es, der seine Liebe in unsere Herzen ausgegossen hat durch den Heiligen
Geist (Römer 5,5). „Nicht darin besteht die
Liebe, dass wir Gott geliebt haben, sondern dass er uns geliebt … hat" (1 Johannes 4,10).

Menschen kommen zu mir als Seelsorger mit der Frage, wie sie Gott und die
Mitmenschen mehr lieben können. Oft
antworte ich: „Haben Sie Gottes Liebe
wirklich schon ganz in sich aufnehmen
und bejahen können, glauben Sie wirklich
daran, dass Gott Sie ohne Maßen, gren-
zenlos liebt, so wie Sie sind, in der Einma-
ligkeit, mit der nur Sie geliebt sind?"

Ja, Liebe muss zur Quelle zurück; nur
wenn ich mir selber gut bin, kann ich es
auch anderen sein. Nur wenn ich mich
selbst ganz angenommen habe, weil ich
von Gott angenommen bin, kann ich mich
auch anderen schenken.

4. SICH AN DER NATUR FREUEN

„Der Arzt kuriert, die Natur heilt" sagt ein Sprichwort der antiken Medizin. In der Berührung mit der Natur kann der Mensch verwandelt werden und zu neuer Lebensfreude finden. In der Natur werde ich von der Eindimensionalität meines Lebens befreit, kann ich mit allen Sinnen wahrnehmen und so selbst wieder neu mit mir in Berührung kommen. Endlos viele Gelegenheiten bieten sich uns im Lauf eines Tages, im Laufe des Jahres, kleine und große sinnliche Erfahrungen: das Schmecken eines frisch gebackenen Brotes, das Aroma von Kräutern wie Rosmarin, Thymian, Salbei in meiner Nase, der erste Ruf des Kuckucks im Jahr und das Lied der Amsel in den Morgen- und Abendstunden, das Abtasten einer Baumrinde oder das Kraulen des Hundes unter seinem beruhigenden wohligen Knurren.

Es gibt Orte, heilige und heilende Orte, wo ich zur Ruhe kommen kann. Der glatte Spiegel eines Sees oder das Rauschen der Brandung am Meer, das Plätschern des Baches oder das gleichmäßige Fließen des

Flusses, die weite Aussicht auf einem Berggipfel ... Jeder von uns hat seine Orte, wo es ihm einfach gut geht und er zur Ruhe kommt, zu sich selbst – und damit wohl auch zu Gott. Die große Mystikerin Teresa von Avila schreibt: „Für die einen, die Gott in kurzer Zeit zum Gebet der Ruhe führen möchte, ist ein Buch gut, um sich schnell zu sammeln. Mir nützte es, Felder oder Wasser oder Blumen zu sehen. In diesen Dingen fand ich eine Spur des Schöpfers; sie weckten mich auf und sammelten mich und dienten mir als Buch" (Vida 9,5). Die Natur ist die unentgeltliche Gabe des Schöpfers an mich, die mich daran erinnert, dass ich selber reines Geschenk bin, dass alles Gnade ist und ich – wie die Natur – zunächst nichts zu leisten brauche, sondern mir Zeit lassen darf zu wachsen und zu reifen.

Gerade weil uns die Schöpfung über uns selbst hinausweist und – trotz aller Naturkatastrophen – den Bund und die Treue Gottes mit seiner Schöpfung bezeugt, führt sie auch zu unserer eigenen Mitte, kann sie uns mit unermesslicher Dankbarkeit und tiefem Frieden erfüllen.

5. ORDNUNG TRÄGT UND BEFREIT

Von großer Weisheit zeugt der Spruch: „Nicht der Jude hält das Gesetz, das Gesetz hält den Juden." Das heißt, nicht der Mensch hält Ordnung, die Ordnung trägt ihn. Wir sprechen im Blick auf unsere Welt vom „Kosmos", von einer inneren Ordnung, die die ganze Schöpfung durchwaltet. So spricht der Psalmist: „Du sorgst für das Land und tränkst es; du überschüttest es mit Reichtum. Der Bach Gottes ist reichlich gefüllt, du schaffst ihnen Korn; so ordnest du alles" (Psalm 65,10).

Pfarrer Sebastian Kneipp aus Bad Wörishofen hat durch eigene Erfahrung eine Heilmethode entwickelt, die sich an der Natur orientiert: Die Elemente sind Wasser, Bewegung, Ernährung, Kräuter und – „Ordnung". Er sagt: „Als ich daran ging, Ordnung in die Seelen meiner Patienten zu bringen, hatte ich vollen Erfolg"; denn „vergessen wir die weise Vorsehung Gottes nicht, die alles lenkt und leitet".

Nicht nur Menschen, die unter einer Depression leiden, empfiehlt man, ihren Tag zu strukturieren. Nun ist für viele der Arbeitstag bereits weithin vorprogrammiert.

Man sehnt sich danach, die Freizeit zu genießen, muss aber häufig feststellen, dass auch diese schon „verplant" ist, ohne dass wir es wollten.

Umso notwendiger ist es, unverplante *Freiräume* einzuplanen und mehr „Ordnung zu bringen" in unser Leben, um Zeit zu haben für das, was uns wichtig ist: für die Familie, für Freunde, Zeit auch für mich selber zur Erholung, Zeit zu Besinnung und Gebet. Es ist schön, wenn ich am Abend feststellen kann, dass ich nicht nur etwas geleistet, Planziele eingehalten habe, sondern mein Leben auch *gelebt* habe. Rituale helfen dabei. Dazu gehört auch, sich jeden Tag etwas vorzunehmen, worauf man sich freut.

6. SPRUDELNDE QUELLE IN MIR

Spiritualität heißt, mit der sprudelnden Quelle in mir, das heißt mit Gottes Geist, in Berührung zu sein, um so für andere Quelle lebendigen Wassers zu sein. „Alle meine Quellen entspringen in dir", singt der Psalmist (Psalm 87). Der Prophet Jesaja verheißt: „Ihr werdet Wasser schöp-

fen voll Freude aus den Quellen des Heils"
(Jesaja 12,3).

Je mehr ich mit dieser lebendigen Quelle
in Verbindung bin, umso mehr kann ich
auch für andere zur Quelle werden. An
zwei Stellen des Johannesevangeliums
spricht Jesus davon:

Zunächst mit der Samariterin am Ja-
kobsbrunnen, deren Sehnsucht nach einem anderen Leben in der Begegnung mit
dem Meister aufbricht; sie fragt nach dem
Wasser, das allen Durst löscht. Jesus sagt:
„Wer von dem Wasser trinkt, das ich ihm
geben werde, wird niemals mehr Durst
haben; vielmehr wird das Wasser, das ich
ihm gebe, in ihm zur sprudelnden Quelle
werden, deren Wasser ewiges Leben
schenkt" (Johannes 4,14).

Wenige Kapitel später wird von einem
Streitgespräch Jesu mit den Hohepriestern
und Pharisäern berichtet; Jesus ruft aus:
„Wer Durst hat, komme zu mir, und es
trinke, wer an mich glaubt. Wie die Schrift
sagt: Aus seinem Inneren werden Ströme
von lebendigem Wasser fließen." Und der
Evangelist kommentiert: „Damit meinte er
den Geist, den alle empfangen sollten, die
an ihn glauben" (Johannes 7,37–39).

Über dem Eingang des Hauses der Schwestern von Mutter Teresa in Kalkutta steht das Wort „Sitio" – „Mich dürstet". Es ist der Ruf Jesu am Kreuz (vgl. Johannes 19,28), in dem aller Durst, alle Sehnsucht und Not dieser Welt zusammengefasst ist.

Wie vielen Menschen begegnen wir, die Durst nach wahrem Leben haben. Es ist gut zu wissen, dass uns mit dem Geist eine sprudelnde Quelle geschenkt ist, die nicht nur den eigenen, sondern auch den Lebensdurst anderer Menschen stillen kann. Aus dieser Quelle fließen auch die Gaben, die mir von Gott geschenkt sind, Begabungen, Talente, Stärken. Wir sollten uns nicht auf unsere Schwächen fixieren, das tun schon die andern.

Oft entdeckt man erst in der Mitte des Lebens die eigenen Gaben, das persönliche „Charisma". Manchmal wird jemand durch die bestärkende Reaktion der Mitmenschen darauf aufmerksam. Wir haben ein Recht, unser persönliches Charisma zu leben – für uns selbst und für andere; wir müssen im Leben nicht nur das Pflichtprogramm absolvieren, sondern dürfen auch die Kür tanzen, unsere ganz persönliche Note einbringen, unsere Gaben außerhalb

der festen Bahnen fruchtbar werden lassen. Dabei merke ich, wie es in mir leben-
dig wird, wie etwas zu sprudeln beginnt,
wie sich vielleicht auch die Landschaft um
mich ein wenig verändert.

Den Schwestern von Mutter Teresa ist fol-
gendes Gebet von John Henry Newman
besonders wertvoll geworden:

„Herr Jesus Christus,
durchflute unsere Herzen
mit deinem Geist und Leben.
Durchdringe unser ganzes Sein
und nimm es in Besitz,
so vollständig,
dass unser Leben
einzig ein Ausstrahlen deines Lebens sei.
Leuchte durch uns hindurch
und wohne so in uns,
dass jeder, dem wir begegnen,
deine Gegenwart
in unseren Herzen spürt.
Bleibe bei uns,
dann werden wir
zu leuchten beginnen,
wie du leuchtest;
das Licht wird ganz aus dir stammen."

7. LACHEN KÖNNEN

Hat Jesus wohl gelacht, wird immer wieder einmal gefragt. So mancher Kirchenvater hat es verneint, und nach fast jedem Jesusfilm frage ich mich: Warum hat der Regisseur Jesus nicht lachen lassen?

Nun steht zwar in den Evangelien nirgends, dass Jesus gelacht hat, wohl aber, dass er am Grab seines Freundes und über das Schicksal Jerusalems geweint hat. Wer weint, der lacht auch. So manche seiner Gleichnisse und Reden gegen die Pharisäer haben wohl bei den Zuhörern ein Schmunzeln ausgelöst. Hat er nicht manchmal geradezu über die Schriftgelehrten gelacht?

Lachen hat etwas mit Ostern zu tun. Das früher bekannte „Osterlachen" in der Liturgie wirkte wie eine Lachtherapie nach der Strenge der Fastenzeit. Das Leben hat endgültig den Sieg errungen, der Tod ist überwunden und jetzt wird er verspottet.

Lachen ist eine Gabe Gottes und hat mit dem Heiligen Geist zu tun. „Wo der Glaube ist, da ist auch Lachen", sagt Martin Luther. Lachen befreit; es zeugt von der

„Freiheit des (erlösten) Christenmenschen". Ja, es ist ein Stück Vorgeschmack des Himmels.

Psalm 126 besingt den Jubel der aus dem Exil Heimkehrenden: „Als der Herr das Los der Gefangenschaft Zions wendete, da waren wir alle wie Träumende. Da war unser Mund voll Lachen und unsere Zunge voll Jubel ... Ja, Großes hat der Herr an uns getan. Da waren wir fröhlich ... Die mit Tränen säen, werden mit Jubel ernten." Unter den Seligpreisungen der Feldrede bei Lukas heißt es: „Selig, die ihr jetzt weint, denn ihr werdet lachen" (6,21).

Lachen kann geradezu etwas Göttliches sein. Meister Eckhart sagt vom dreifaltigen Gott: „Wenn Gott, der Vater, den Sohn anlacht, und dieser lacht zurück, da bringt das Lachen Lust hervor, und die Lust schafft Freude und die Freude gebiert Liebe."

Humor, so sagt man, ist der Schwimmgürtel des Lebens. Humor entkrampft. Humor zeigt, dass man über den Dingen steht.

Und nicht zuletzt: Lachen steckt an, schafft Gemeinschaft; wer lacht, ist nicht allein.

IV – Abschiedlich leben

1. NICHT MITTELMÄSSIG, ABER MIT MASS

Das rechte Maß zu finden ist eine lebenslange Aufgabe im geistlichen Leben. Ist doch der Mensch auf ein Mehr angelegt, auf Überschreitung, auf Transzendenz, auf „Maß-losigkeit" und gerade nicht auf Mittelmäßigkeit. Dennoch erfordert unser schicksalhaftes Gebundensein an Raum und Zeit, unsere geschöpfliche Begrenztheit das rechte Maß, um gesund zu leben. Dies gilt für unsere körperliche wie seelische Fitness. Der für das rechte Augenmaß im spirituellen Leben bekannte Franz von Sales sagt: „Eine stete Mäßigkeit ist … den periodischen Gewaltkuren vorzuziehen."

Paulus spricht von der Gabe der Unterscheidung der Geister. Bei der Seelenführung der Wüstenväter spielt *Discretio* (Unterscheidung) eine wichtige Rolle.

Für die benediktinische Tradition gilt das „Ora et labora" – „Bete und arbeite", anders gesagt, der richtige Rhythmus zwischen diesen beiden Weisen unseres „Gottes-dienstes". Sosehr für Benedikt dem Gottesdienst nichts vorgezogen werden soll, sosehr betrachtet er auch die Arbeit als heiliges Tun und das Handwerkszeug als heiliges Gerät. Um das richtige Maß zu finden, hilft nicht nur die Glocke oder der Gong, die zum Gebet oder zum gemeinsamen Mahl rufen; es geht vor allem um eine innere Ausgeglichenheit, die den „benediktinischen Frieden" kennzeichnet, eine innere Ruhe, die sich auch nach außen überträgt.

Neben Klugheit, Tapferkeit und Gerechtigkeit ist Maß, Maßhalten die vierte Kardinaltugend. Die Mäßigung „hat mit Selbstbeherrschung, Ordnung und Maß, Harmonie, Gleichgewicht und Kontrolle über sich selbst zu tun" (Carlo M. Martini). Seid maßvoll und nüchtern, damit ihr euch dem Gebet widmen könnt (vgl. 1 Petrus 4,7), mahnt Petrus die Christen in der Diaspora, in einer Umgebung, die alles andere als maßvoll war.

Das rechte Maß ist die Voraussetzung für ein gesundes Leben, nicht nur im geistlichen Sinne.

2. FÜLLE DES LEBENS – IM JETZT

Martin Buber erzählt von einer entscheidenden Bekehrung: In jüngeren Jahren sei für ihn das „Religiöse" die Ausnahme gewesen. „Es gab Stunden, die aus dem Gang der Dinge herausgenommen wurden. Die feste Schale des Alltags wurde irgendwoher durchlöchert ... Das ‚Religiöse' hob einen heraus." Doch dann hatte er ein Schlüsselerlebnis: An einem Vormittag erhielt er Besuch von einem unbekannten ratsuchenden jungen Menschen. Im Nachhinein merkte Buber, dass er nicht wirklich präsent gewesen war, die Fragen nicht erraten hatte, mit denen der andere zu ihm gekommen war. Das wurde ihm eine Lehre für alle Zeit. „Was erwarten wir, wenn wir verzweifeln und doch noch zu einem Menschen gehen? Wohl eine Gegenwärtigkeit, durch die uns gesagt wird, dass es ihn dennoch gibt, den Sinn. Seither habe ich jenes ‚Religiöse', das nichts als Ausnahme ist, Herausnahme, Heraustritt, Ekstasis, aufgegeben und es hat mich aufgegeben. Ich besitze nichts mehr als den Alltag, aus dem ich nie genommen werde ... Ich kenne keine Fülle mehr als die jeder sterblichen Stunde an Anspruch und Verantwortung … Wenn das Religion ist, so ist sie einfach alles, das schlichte gelebte Alles in seiner Möglichkeit der Zwiesprache", schreibt Buber in seinen unter dem Titel „Begegnung" herausgegebenen autobiografischen Fragmenten.

Wer sehnte sich nicht nach der Fülle des Lebens? Im Evangelium ist sie uns verheißen. Sie erwartet mich im Alltag, und zwar heute. Sie ist nirgendwo anders zu finden. Der Himmel begegnet mir im Jetzt. „Die Vergangenheit hat mich gedichtet. Ich habe die Zukunft geerbt. Mein Atem heißt Jetzt", schreibt Rose Ausländer.

Der uns eher als kämpferischer Willensmensch bekannte heilige Ignatius machte mit 53 Jahren eine entscheidende Entdeckung: Er verstand, dass der wichtigste Vollzug in seinem Leben allem gegenüber *Devoción* sei, das heißt liebevolle Ehrfurcht und ehrfürchtige Liebe.

Lieben kann ich nur im Jetzt. So gilt es, das Jetzt meines Alltags mit *Devócion*, mit Hingabe zu leben, wie ein Fest.

3. VERSÖHNT MIT DEM EIGENEN LEBEN

„Nur für die Einfältigen ist das Alter der Winter, für die Weisen ist es die Zeit der Ernte", sagt eine chassidische Weisheit. Meine eigene Vergangenheit integrieren, Ja sagen zu dem, wie ich mich entfaltet habe und was um mich gewachsen ist, versöhnt sein mit meinem Leben – diese Lebensaufgabe stellt sich nicht erst im Herbst des Lebens. Um ein versöhntes Herz sollte ich mich ständig bemühen.

Wie wichtig das ist, zeigt die steigende Nachfrage nach „Biografiearbeit". Dabei geht es nicht so sehr darum, die Fehler, Verletzungen und Traumata in meinem Leben aufzuarbeiten (wir dürfen sie natürlich nicht verdrängen!), sondern darum, meine Vergangenheit zu akzeptieren, so wie sie nun einmal geworden ist, ja zu sagen zu diesem Stück Geschichte, das einfach zu mir gehört. Vergessen wäre falsch; aber im Rückblick bekommt doch manches eine andere Farbe und ordnet sich ein. Ebenso witzig wie tiefsinnig sagte Mark Twain einmal: „Ich habe in meinem Leben viel Elend erlebt, aber das meiste davon ist nie eingetreten."

Auf vieles darf ich mit Dankbarkeit zurückschauen. Über manche verpasste Chance in meinem Leben mag ich enttäuscht sein. Aber ich weiß auch, dass ich das Ganze meines Lebens nicht überblicke. Vieles geht mir erst im Nachhinein auf: Wie viel habe ich gerade durch schmerzliche Erfahrungen gelernt! Haben mich nicht gerade schwere Zeiten, die ich durchgetragen habe, stärker gemacht?

Vor allem darf ich wissen, dass nichts vergeblich war, nichts von dem, was aus Liebe geschehen ist; denn wenn auch alles vergeht, die Liebe bleibt. Was an Beziehungen gewachsen ist, was wir füreinander getan haben, all das kann – wenn es aus Liebe geschah –, nicht untergehen; es ist für die Ewigkeit bestimmt. Wenn wir uns im Himmel begegnen und in die Augen schauen, so Therese von Lisieux, werden wir entdecken, was wir einander verdanken.

Gott wird uns nicht nach unserer Leistung fragen. Was zählt, ist allein die Liebe. Denn „was ihr für einen meiner geringsten Brüder getan habt, dass habt ihr mir getan" (Jesus, nach Matthäus 25,40).

4. BEREIT, EINANDER ZU VERGEBEN

Wer nicht vergeben kann, schleppt ein Leben lang eine schwere Last mit sich. Er ist auch mit sich nicht im Frieden. Dass wir einander im Leben Verletzungen zufügen, ist unvermeidlich. Deshalb gehört die Vergebung ganz wesentlich in unsere mitmenschlichen Beziehungen hinein. Ja, je tiefer Verletzungen sind, umso stärker ist Vergebung angesagt. Gerade Familienangehörigen oder Freunden gegenüber fällt das oft nicht leicht. Es ist gut, wenn sich etwa Eheleute vornehmen, einander jeden Morgen mit neuen Augen zu sehen und sich gegenseitig eine neue Chance zu geben.

Nun gibt es Enttäuschungen, Kränkungen und Verletzungen, die ich nicht sofort vergeben kann. Ich kämpfe mit mir, führe innere Konfliktgespräche mit dem Täter, muss meine Wut zugeben. Wichtig ist vor allem, mich mit der Zeit aus meiner Opferrolle zu befreien und – ohne etwas zu entschuldigen oder zu verharmlosen – das Geschehene zu akzeptieren, um mich schließlich zur Vergebung zu entschließen. Ob es einen Weg gibt, dem, der mir Leid

zugefügt hat, die Vergebung auch zu be-
kunden oder mich gar mit ihm zu versöh-
nen, mag offen bleiben. Wenn es möglich
ist, will ich mich darum bemühen.

Unverzichtbar ist in diesem Prozess der
erste Schritt, auch wenn er erst nach eini-
ger Zeit gelingt: mich zu entscheiden, vergeben zu *wollen* und die Sache zum Ab-
schluss zu bringen, sodass Friede in mein
Herz einkehren kann. Ob ich vergebenes
Unrecht auch *vergessen* kann, weiß ich
nicht, vielleicht darf ich es auch nicht. Nur
von Gott heißt es, dass er unsere Sünden
hinter seinen Rücken wirft und sie vergisst
(vgl. Jesaja 43,25). Was ich übrigens immer
tun kann (auch wenn der Schritt zur Ver-
söhnung nicht oder noch nicht möglich
ist): den anderen im Gebet segnen.

5. IN ERWARTUNG BLEIBEN

Abschiedlich leben heißt zugleich, sich
auf Neues, auf Größeres freuen, in Erwartung leben. „Es muss das Herz bei jedem Lebensrufe bereit zum Abschied sein
und Neubeginne, um sich in Tapferkeit
und ohne Trauern in andre, neue Bindun-

gen zu geben. Und jedem Anfang wohnt ein Zauber inne, der uns beschützt und der uns hilft zu leben" (Hermann Hesse).

Christen sind Menschen in Erwartung, im Advent. „Seid wie Menschen", sagt Jesus, „die auf die Rückkehr ihres Herrn warten, der auf einer Hochzeit ist, und die ihm öffnen, sobald er kommt und anklopft" (Lukas 12,36). Zugleich abschiedlich und adventlich leben kann zu einer täglichen Übung werden.

Johann Michael Sailer hat dafür ein schönes Bild geprägt: Er sagt, wir dürften den Faden, der uns an die Ewigkeit knüpft, nicht abreißen; und wenn er reißt, sollten wir ihn wieder anknüpfen. Er rät, wir sollten uns vorstellen, der Herr stehe Tag und Nacht vor unserem Herzen; er „klopfe an und wolle nichts, als eingelassen werden – und sich seine Wohnung zurecht, hell, rein, schön machen und dann seine Schätze darin auslegen". Wenn wir ihm öffnen, hätten wir vieles, wenn wir ihn walten lassen, hätten wir alles getan.

In dieser Verbindung mit dem Himmel wird das Leben spannend. Sie verändert auch den manchmal grauen, manchmal stressigen Alltag. Ich entdecke: Mein Leben hält weit mehr bereit, als in meiner Hand liegt. „Sag ja zu den Überraschungen, die deine Pläne durchkreuzen, deine Träume zunichtemachen, deinem Tag eine ganz andere Richtung geben, ja vielleicht deinem Leben. Sie sind nicht Zufall", schreibt Dom Helder Camara. Wie, mit welchen Überraschungen tritt der Herr heute in mein Leben ein?

6. IMMER WIEDER NEU ANFANGEN

Auf dem Jakobsweg begegneten mir immer wieder die Buchstaben A und O, Alpha und Omega, der erste und der letzte Buchstabe des griechischen Alphabets. Sie stehen für Christus, der zugleich am Anfang und am Ende unseres Lebensweges steht. Angekommen am Ziel des Jakobswegs, in Santiago de Compostela, sah ich mit Erstaunen, dass nun die Buchstaben in umgekehrter Reihenfolge zu lesen waren: O und A, Omega und Alpha. Ich habe es so verstanden: An einem Ziel bin ich nun zwar angelangt, aber jetzt steht mir ein neuer Aufbruch, ein neuer Anfang bevor!

Jeder Sonnenuntergang birgt die Verheißung in sich, dass es am nächsten Tag wieder hell wird und die Sonne ihr Licht verbreitet. Schon am Abend darf ich wissen: Morgen beginnt ein neuer Tag, auch für mich. An jedem Morgen bin ich eingeladen, mein Leben neu zu beginnen. Auch heute. Und das gilt bis zum letzten Atemzug meines irdischen Daseins: Ich darf immer wieder neu anfangen. Egal, wie alt ich bin. Auch in einem Alter, in dem ich anscheinend nicht mehr viel ändern kann an meinem Leben, darf ich mir zusagen, was Benedikt in seiner Regel rät: „… an Gottes Barmherzigkeit niemals verzweifeln". In diesem Sinne ist es nie zu spät anzufangen, es gibt immer noch eine Zukunft.

Auch nach Schicksalsschlägen, einem Zusammenbruch, einer tiefen Enttäuschung kann ich neu anfangen, kann ich wieder aufstehen. Es gibt eine Kraft der *Resilienz*, wie es in der Psychologie heißt: die Kraft, sich nach einer Krise im Leben noch einmal aufzumachen, es noch einmal zu versuchen – womöglich gar bereichert durch die schmerzliche Erfahrung.

Es gilt, sich selbst neu zu orientieren, Ausschau zu halten, was noch oder erst recht möglich ist und neu Verantwortung zu übernehmen, Perspektiven zu entwickeln. Wesentlich ist auch, dass ich die negative Programmierung in meinem Denken überwinde und meine eigenen Quellen (Ressourcen) freilege. Die entscheidende Frage ist, ob ich mir selbst und auch den anderen wieder gut bin. Wie die Antwort darauf ausfällt, hängt sicher auch damit zusammen, ob ich mich auch in Schmerz und Leid innerlich noch von Gott getragen weiß. Auch Freunde und die Einbindung in ein soziales Netz helfen dabei.

Und wie ist es mit dem Neuanfang, wenn ich am Ende meines Lebens vor Gott hintrete? Sicher wird mir dann schmerzhaft zum Bewusstsein kommen, was ich von meinen und Gottes Möglichkeiten mit mir nicht gelebt habe, wo ich hinter Gottes Traum über meinem Leben zurückgeblieben bin (in diesem Zusammenhang ist die Vorstellung von einem „Fegfeuer" zu sehen). Zugleich aber bin ich fest überzeugt, dass Gott mir einen neuen, den endgültigen Anfang schenken wird, der kein Ende kennt.

7. AUS- UND EINATMEN

Was Benedikt XVI. einmal den Priestern sagte, kann für jeden von uns gelten: Die Begegnung mit Gott sei „das Atemholen der Seele", ohne das man zwangsläufig außer Atem komme; es fehle der „Sauerstoff des Optimismus und der Freude", den der Priester „braucht, um sich Tag um Tag aussenden zu lassen als Arbeiter für die Ernte des Herrn". Es gelte zu lernen, „das zu tun, was ich kann, das andere Gott und den Mitarbeitern zu überlassen" und Gott zu sagen: „Am Ende musst es ja du machen …"

Allen Menschen, die ein spirituelles Leben führen wollen, gilt die tröstliche Gewissheit, dass es immer wieder Räume des Aus- und Einatmens gibt, Ruhepausen, kleine Oasen im Leben, um zu uns selber zu kommen. Die „Mystikerin der Straße" Madeleine Delbrêl sagt: „Es ist wahr: Man kann heute nicht mehr beten wie früher …, aber: Gott hätte sich wohl nicht die Mühe gemacht, uns zu erschaffen, um dann zuzulassen, dass wir ihm gegenüber keine Luft mehr bekämen. Unsere Zeit gewährt uns ganz bestimmte, von Gott gegebene

Atemzüge: An uns ist es, sie zu entdecken und davon Gebrauch zu machen"; denn wir dürfen aus aller Kraft glauben, dass diese Straße, diese Welt, in die uns Gott gestellt hat, für uns der Ort unserer Heiligkeit ist: „Wir glauben, dass uns hier nichts Nötiges fehlt, denn wenn das Nötige fehlte, hätte Gott es uns schon gegeben."

Madeleine Delbrêl ist sich sicher, dass Gott immer schon dort ist, wo wir uns gerade aufhalten. Wir müssen nur im Raum der Liebe sein, „jede Liebe trägt ihre Sehnsucht überall mit sich herum", und diese Sehnsucht macht das Gebet aus. So kommt sie zu dem Ausruf, der uns zum Schmunzeln bringen kann:

> „Oh Gott, wenn du überall bist,
> wie kommt es dann,
> dass ich so oft woanders bin?"

Gerhard Bauer im Verlag Neue Stadt